괜찮지 않은 하루

괜찮지 않은 하루

김인영 지음

하움

괜찮지 않은 하루

불완전한 20대
괜찮지 않았던 하루의 기록을 담은
사진 에세이

김인영 지음

프롤로그 10

✦ 1부 누구나 외로움   14

고독한 연휴 16
축축한 날 19
우울 21
그림자 23
숙제 25
같은 시간 속, 다른 우리 27
부모의 빈자리 30

✦ 2부 늘 끝에 존재하는 공허함   34

일을 마치고 36
떠난다는 것 39
배고픔 41
후회 43
잠이 오지 않는 밤 45
불안함 48
상처를 받는 것 51
고통 53
막연해지는 순간들 55
온전한 나의 것 57

✦ 3부 가끔씩 무념무상 60

무념무상(無念無想) 62
좋아하는 순간들 65
생각 67
없을 무(無) 70
시간이 담긴 사진 72
사라지는 기억 74

흐려진 판단 77
하고 싶은 일 80
없이 사는 것 82
몸과 마음 84
꽃길을 따라간 그대 87

✦ 4부 다양하고 복잡한 관계 90

같은 삶 속, 다른 삶 91
눈치 95
초심 97
어려운 만남의 연속 99
선택 102
관심 104

원치 않은 서운함 106
노력 109
사소한 것 112
사람(人) 114
그저 되는 것 117

✦ 5부 어쩌면 행복 120

하루를 마치고 122
나 자신을 속이는 것 125
잊은 보물찾기 128
좋아하는 마음 130

어린 시절 132
아프기에 알게 되는 것 134
평가 136
백색소음 140

✦ 6부 그저 꿈   142

스물다섯   144
꿈을 꾸는 우리   146
취업을 준비한다는 것   148
꿈 그리고 생계   151
'나'라는 사람   154

떨어지지 않는 발걸음   156
항해(航海)   159
스프링(Spring)   162
어린 날의 물건   164

✦ 7부 삶   168

뜻밖의 위로   170
기도   173
삶   175
라디오   177
파도   179
기억   181
어른이 된다는 것   183
밀려가지 않도록   186
변해 가는 모든 것   188

어우러져 있는 삶   190
모험   192
어른이 되어 간다   194
음지와 양지   197
나이라는 테두리   199
ON AIR   202
음악   204
사랑하는 마음   206

에필로그   208

프롤로그

◆
◆
◆
◆

　문득 괜찮지 않은 하루가 삶 속에 찾아온다. 흐름의 연속인 시간 속에 좋은 날이 있으면, 무겁고 힘겨운 날도 함께 찾아와 삶의 모래시계를 뒤집어 놓는다.

　이러한 날이 찾아오면, 일정하게 흘러가고 있던 모래와 같은 시간은 다시 시계를 돌려놓아 모래를 뒤집어 시야를 흐리게 만든다. 일정하게 쌓여 갔던 잠잠했던 감정들은 한껏 뒤섞인다. 잠시나마 잠잠했던 순간들은 시간이 끝나면 힘든 순간이 되어 버린다. 애써 괜찮은 척해 보려 하지만, 이 순간들을 감당하기엔 갈피를 잡을 수 없는 두 개의 공간 속에 생각이라는 모래들로 뒤섞여 세상을 뿌옇게 바라보게 만든다.

　10대를 끝마치고 자유와 함께 새롭게 시작되었던 20대의 시간은 자유 속에 찬란할 줄 알았지만, 생각보다 불안했고, 괜찮지 않은 하루들이 자꾸만 찾아와 마음을 요동치게 했다. '내가 어떻게 해야 하는 걸까?' 끊임없이 의문만 가득한 생각들로 나 자신을 탓하기만 하였다.

 시간이라는 나이테가 늘어 가는 만큼 괜찮지 않은 하루들이 하나씩 늘어 매 순간 버티다 보니 어느덧 나만의 방식으로 하루를 견뎌 내는 방법들이 생겨났다. 내겐 카메라를 들고 사진을 찍으며 하루를 보내는 것이 가장 좋아하는 순간이었고 위로가 되는 시간이었다. 20대 초반, 내 생각과 판단은 어쩌면 성숙하지 못한 시기이기에 문득 괜찮지 않은 이 순간들을 사진으로 남겨 둔다면 먼 훗날 사진을 다시 바라보았을 때 '미래의 나는 현재 이 순간의 답을 알고 있을까?'라는 생각이 들었다. 이러한 마음으로 사진을 담아내다 보니 나의 감정들은 먼 훗날의 정답을 찾기 위한 하나의 단서와 같았고 그 순간들을 그저 느끼고 바라보며 사진을 담아내었다.

 그래서인지 현재의 감정은 더욱 시각화되어 직접적으로 바

◆
◆
◆
◆

라볼 수 있는 조각 거울과 같았다. 조각을 맞추기 위해 담았던 사진과 글은 괜찮지 않은 나의 하루를 누군가 알아주기를 바라는 마음으로 담아내기도 했지만, 내 생각과 마음을 더욱 알게 해 주어 스스로를 달래는 방법이 되어 갔다.

20대의 시간 동안 괜찮지 않은 하루를 나만의 방법으로 흘려보내다 보니 다른 사람들은 어떻게 이러한 하루를 지내고 있는 걸까 문득 궁금해졌다.

사회생활을 시작하고 많은 사람을 만나고 이야기를 들으며 한 가지 깨달았다.

'나만 힘든 게 아니구나.'

그 사실을 알게 된 순간부터 조금은 위로가 되었다. 나만 느낄 것 같은 이 순간들을 누군가도 함께 버텨 내고 있다는 것을 알게 되었다. 좋은 순간보다 힘든 순간을 누군가에게 알리기 쉽지 않은 세상이기에 더욱 괜찮지 않은 하루는 세상 속에 드러나지 않는 것 같다. 어쩌면 그렇기에 누군가는 혼자만의 시간 속에 갇혀 버리기도 한다.

 시간이 흘러 괜찮지 않았던 하루들을 다시 바라보았다. 그 시절의 진심이 담긴 생각과 함께 조금은 가벼워진 고민으로 조금은 성숙해진 내가 어린 나를 바라볼 수 있었다. 어쩌면 그 시절의 내 감정이 담긴 사진과 글이 누군가에겐 가볍게 느껴질지 모르지만, 같은 순간을 겪고 있는 사람들에겐 작은 공감이 될 수 있겠다는 생각이 들었다. 그래서 20살부터 하나씩 남겨 온 나의 괜찮지 않았던 하루의 기록을 통해 괜찮지 않은 모든 순간 속 그 누구도 혼자가 아니었다는 위로를 건네고 싶다.

1부
누구나 외로움

누구나 삶 속에서 외로운 순간을 마주한다.
어긋나는 시간 속에서 혼자라는 감정과 외로움을
담아낸다.

고독한 연휴

모두가 연휴를 보내고 있을 때
홀로 보내게 되는 날이 있다.

그땐 비로소 외로움이
더욱 짙어지는 날이기도 하다.

누군가 서로를 만나며 삶을 나아가고 있을 때,
홀로 보내는 나의 모습은 왠지
세상에서 가장 고독한 사람이 된 것만 같다.

그러나 연휴를 홀로 보내는
나와 같은 또 다른 누군가를 만나게 되었을 때
나만 그런 게 아니라는 걸 알게 되었다.

삶은 항상 누군가와 함께할 수 없었다.

내가 누군가와 항상 함께 있을 수 없는 것처럼

고독을 느끼는 것조차
세상 속 나를 지키는 방법이라는 걸 알게 되었다.

고독한 순간과 혼자가 되는 순간을
두려워하지 않는 것,

세상에 나 혼자가 되는 순간을 미리 생각하는 것
또한 나 자신을 단단하게 만들어 주는 것 같았다.

이러한 고독한 연휴를 보내고 나니,
연휴가 끝난 후의 순간들이 더욱 감사하게 느껴진다.

누군가를 만나고 있다는 것,
삶 속에 속하여 무언가를 하고 있다는 것,
그 자체가 소중하다는 걸 알게 되었기에.

축축한 날

하염없이 아무것도 할 수 없는
몸과 마음으로 깊이 적셔질 때가 있다.

축축하게 적셔진 상태로
그곳에 갇혀 버린다.

사방이 어둡고 마음은 가라앉아
시야는 더욱 흐릿해진다.

아무런 감각이 없어질 만큼
그곳에 하염없이 적셔질 때가 있다.

내일이면 괜찮을까,
내일이면 아무렇지 않을까,
그저 지금의 순간에 순응한 채

내일에 대한 막연한 희망을 걸어 볼 뿐인
그러한 날이 있다.

우울

우울에는 이유가 없다.

그 이유를 찾으려다
우울에 대한 수많은 이유와 함께,

그 이유에 대한 확신으로
좀 더 우울해져 갈 뿐이다.

우울한 이유는
그냥 내가 우울해서이다.

그저 그럴 뿐이다.

우울한 이유에는
이유가 없다.

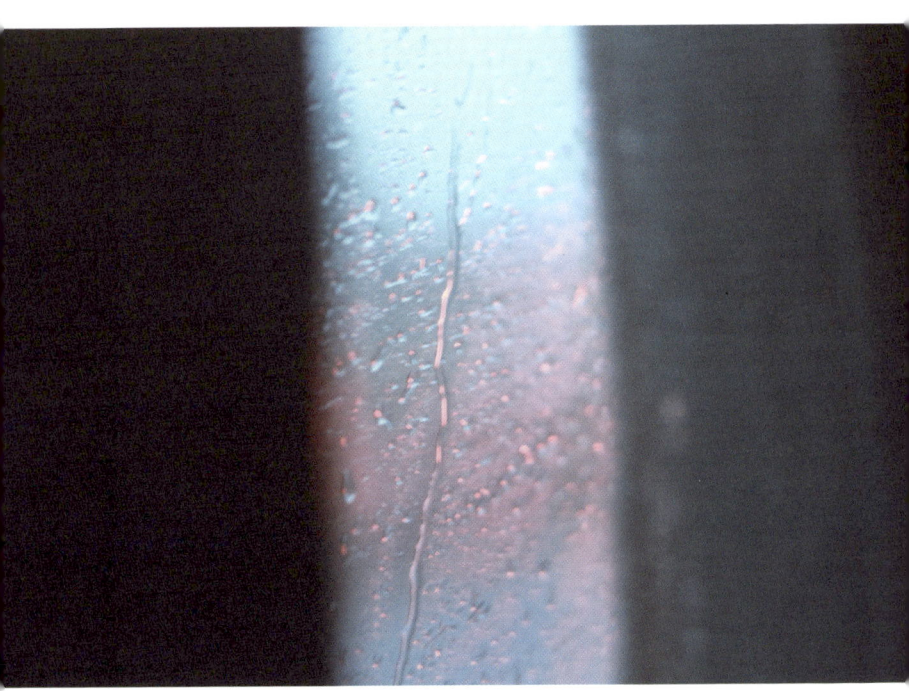

그림자

과하게 밝은 빛에 서다 보면
그에 따른 그림자가 생기게 된다.

어두운 그림자는 빛 속에서
내 뒤를 언제나 따라다닌다.

따라다니는 그림자는
점점 익숙해지다가,

어느 순간 세상이 비추는 빛이 점점 사라질 때면
그림자 역시 빛과 함께 사라져 간다.

어쩌면, 내 뒤에 그림자가 있다는 건
내가 빛 속에 있어서일지도 모르겠다.

그림자 없는 어둠 속에서 살아가는 것보단,
이러한 그림자가 있다는 게 오히려 다행인 걸지도 모른다.

숙제

누구나 한 가지씩 숙제를
가지고 다닌다.

그 숙제를 만들어 갈지,
아니면 풀어 갈지는
이 또한 나만의 숙제가 된다.

아무리 노력해도 풀 수 없는 숙제에는
때론 정답이 없을 수도 있다.

그저 내가 가지고 있는 불분명한 생각들이
그 모든 걸 숙제로 만들어 버린 걸지도 모른다.

같은 시간 속, 다른 우리

누군가의 슬픔과 아픔은
나 역시 그러하기에
당연한 것이 되어 버리고,

누군가의 행복은
나와 다르기에, 그저 마음 한편
비틀어지는 감정으로 바라보기조차 싫은
무언가가 되어 버린다.

어쩌면, 그럴 수밖에 없기에
또한 그렇게 하지 않으면 안 되기에
그렇게 되어 버린 걸지도 모른다.

같은 시간 속 나와 다른 누군가와 살아가는 것이
누군가에겐 아픔일 수도 있다.

그렇기에 누군가의 이러한 감정은
앞으로 살아 내기 위한 몸부림일지도 모른다.

같은 시간 속에 있어도
우리의 삶은 모두가 다르다.

그렇기에 누군가의 아픔도,
그 아픔을 받아들이는 것도,
어쩌면 당연한 걸지도 모르겠다.

1부 누구나 외로움

부모의 빈자리

내가 원한 것도
선택했던 것도 아닌데

부모의 자리가 가끔
마음을 아프게 할 때가 있다.

누군가의 자식으로 또는
부재에 대한 이유로
사람들의 날카로운 시선을 견뎌 내기도 한다.

그렇게 또 하나의 잣대와 선입견이 되기도 한다.

누군가와 똑같이 그리고 열심히
더는 아니라도 비슷하게
남들과 같기 위해 살아가지만,

부모라는 역할이 홀로 쌓아 왔던
그 모든 걸 무너지게 만들기도 한다.

티가 나지 않게
그리고 치열하게
견디고 또 견뎌 내지만
가끔씩 무너져 내린다.

내가 만든 아픔이 아니라,
그저 주어진 아픔이다.

부모의 자리는
그렇기에 어렵다.

2부
늘 끝에 존재하는 공허함

하루의 끝엔 늘 공허함이 남는다.
불안과 피로, 끊임없는 질문 속에서 스스로에게 묻는다.

'나는 정말 괜찮은 걸까?'

일을 마치고

일을 하고 난 후,
끊임없이 피곤한 밤을 만나게 된다.

노곤한 기운과
긴장이 풀린 나른함이
'잘하고 있는 걸까?'라는 물음으로

조용한 밤공기에
생각들을 피워 낸다.

그저 생각 없이
하루를 마무리하면 좋으련만,

바빴던 하루의 밤은
더욱 바쁜 생각으로 쉽게 잠을 이룰 수 없다.

어쩌면 잠들기 아쉬워서인 걸까?
오늘 하루의 나만의 시간은 결국 여기까지이니

내가 잘하고 있는 건지 계속 되묻지만,
결국 생각의 끝은 처음으로 돌아간 채

그저 피곤함 속에 머무르며
나도 모르게 눈을 감는다.

떠난다는 것

익숙했던 장소와
늘 곁에 있던 사람들,
그리고 이곳에서만 느낄 수 있던 분위기

하나둘 정리하며
떠나갈 준비를 하는 것은

지나간 나의 시간과 흔적들
그리고 머무름에 대한 추억들을

모두 정리하는 기분이 들어
씁쓸하기도 하다.

떠나는 것은 어쩌면
지난날에 대한 되돌아봄이 아닐까.

지나온 흔적들을 다시 한번 살펴보기 위해
때론 어디론가 떠나가는 것이 아닐까.

배고픔

먹어도 먹어도 배가 고픈 건
정말 많이 배고파서일까?

아니면 마음이 고파서인 걸까?

후회

나로 인해 선택했던 것인데
그 선택이 후회될 때가 있다.

그때 알았더라면 좋았을걸
비로소 시간이 지나고 나서야 알게 될 때가 있다.

다시 돌아간다면 그러지 않았을걸
선택의 후회를 계속 되뇌곤 한다.

그렇다고 달라지는 건 없는데 말이지.

이 과정들을 통해
'내 스스로가 성숙해지겠지.'
'이 모든 것은 경험이겠지.'

스스로를 위로해 보아도
마음 한편이 답답하기만 한
그러한 시간이 있다.

잠이 오지 않는 밤

잠을 이루고 싶어
이리 뒤척 저리 뒤척

끊임없이 반복을 해 보아도
끝내 잠을 이루지 못해 무거운 눈으로
새벽 공기를 맞이하게 된다.

무엇이 답답한 건지
무엇이 그리도 불안한 건지
왜 이 밤은 길기만 한 건지

한없이 드리워진 어둠이라는 배경 속에
하나의 그림자가 되어
나 자신을 자책해 보기도 한다.

한없이 조용한 밤
무거운 눈과 함께
무거운 마음 함께 내려놓고

다음 날이면 가볍게 다시 일어나면 좋겠지만,

이 밤이 푸르른 새벽으로 통과할 때쯤
그제야 쓰러지듯 잠에 들고
무거운 하루를 시작한다.

2부 늘 끝에 존재하는 공허함

불안함

그동안 열심히 살아온 것 같은데
그저 제자리걸음인 것만 같아
내 삶의 방향이 아득하고 불안해졌다.

이런저런 경험은 많이 한 것 같은데

아니,
그런 줄 알았는데

이제 와 보니
헛걸음을 한 것이 아닐까?
헛되이 시간을 보낸 게 아닐까?

그저 불안하기만 하다.

내가 가려고 하는 이 길은 맞는 걸까?
이 또한 같은 실수를 반복하는 것이 아닐까?
막연한 불안함 속에 나를 가두게 된다.

불안한 생각들이
마음을 불안하게 만든다.

상처를 받는 것

상처를 쉽게 받는다는 건
어쩌면 열려 있는 마음이기에
그만큼 순수하기에 쉽게 받는 것이 아닐까.

시간의 흐름 따라
소소한 걱정들이 점점 무뎌지는 만큼,

새로움에 대한 설렘도
좋은 것에 대한 즐거움도
점점 무뎌져 간다.

상처를 받는다는 건
아직도 어리고 순수한 마음이어서 아닐까?

열려 있는 마음만큼 순수한 설렘과
즐거움 또한 받아 낼 수 있는 게 아닐까.

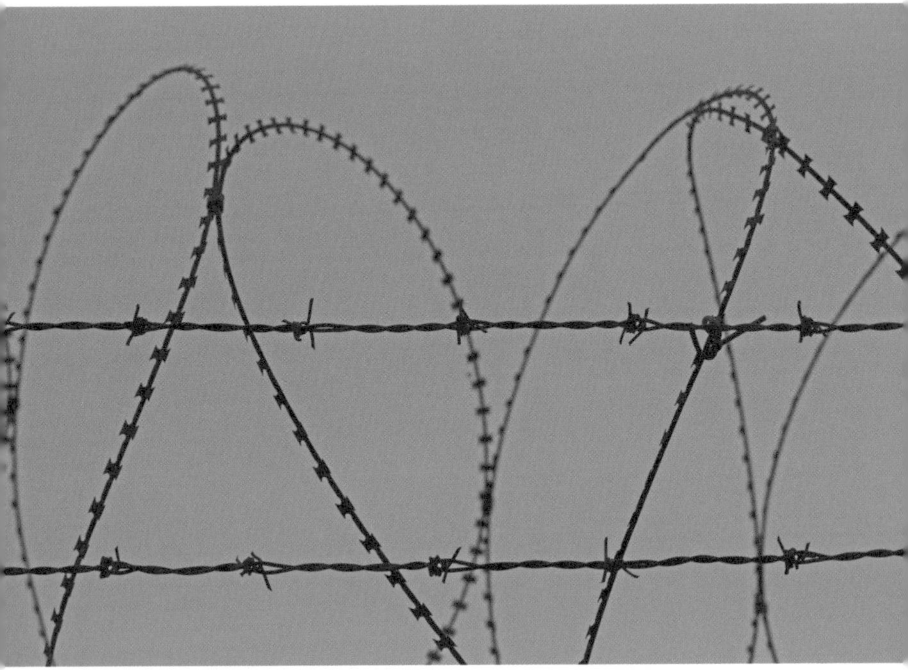

고통

고통은 앞으로의 순간을
좀 더 덜 고통스럽게 만들기 위해
존재하는 듯하다.

고통이 지나고 나면,
지나간 고통이 가볍게 느껴지듯이

아프고 쓰라리지만,
언젠가 아픔이 아문다면
앞으로는 조금 덜 아플 거라는

나의 어리석은 믿음이 약간은 어설프지만
고통으로부터 나 자신을 달래 준다.

막연해지는 순간들

지금은 무엇이고 앞으로는 어떠하며,

그동안의 나는 어떠했는지

내 삶의 모든 것이 그저 막연해질 때가 있다.

온전한 나의 것

삶에 온전한 것들이 있을까.

온전한 줄 알았던 것들이 알고 보니
그렇지 않았던 것들이었고
모든 것이 내가 만든 모순이었다는 걸 알게 되었다.

누군가와의 만남도 어떠한 일도
소소한 삶 자체도 온전하지 않았다.

온전한 것이 없는 그 모든 것 중에
나의 것이 온전한 하나라도 있다면

그것만으로도 축복이라는 걸
시간이 흐르고 겨우 알게 되었다.

3부
가끔씩 무념무상

생각을 비워 낼수록 잊고 있던 감정들이 되살아난다.

비움은 곧 다시 나를 채워 갈 수 있는

새로운 시작이었다.

무념무상(無念無想)

해야 할 것들에 대한 부담감과
막연한 미래에 대한 수많은 고민이

나 자신을 휩싸이게 만들어 버릴 땐
'무념무상'이 가장 좋은 방법인 것 같다.

'생각한들 뭐 하겠는가, 내 방식대로 가련다.'라는
대책 없는 생각이 가끔은
가장 큰 용기를 주는 것 같다.

조금 덜 걱정하는 삶이
느리게 가는 삶이라고 느낄 수도 있겠지만,

그렇기에 더욱 자신 있는 모습으로
살아갈 수 있게 만들어 주는 것이 아닐까.

괜찮지 않은 하루가 반복될 땐

'무념무상(無念無想)'이
'다념다상(多念多想)'으로 변해 가지만,

생각만 할 뿐 아무것도 하지 못한 채
제자리에서 힘만 소비되어 갔다.

가끔은 '무념무상'하며

그저 하고 싶은 대로
그 순간을 느끼는 것이
나만의 삶을 나아가는 방법일지도 모르겠다.

좋아하는 순간들

모든 일을 마치고 집에 가는 버스 안에서 듣는 음악

글귀가 마음을 울리는 책

새벽에 듣는 라디오

보고 있는 그 자체가 감사해지는 사진

좋아하는 순간들이자 사랑받는 느낌을 주는
음악, 책, 라디오 그리고 사진들

어느 순간 이 모든 것을 잠시 잊은 채
현실이 바쁘다는 핑계로 나 자신을 바라보기보단
무언가에 쫓겨 앞만 바라보려고 하는 것 같다.

현실은 항상 있어 왔고 앞만 바라보기엔
뒤돌아보지 못할 아름다운 순간들일 텐데 말이지.

생각

가만히 있으면
안 될 것만 같은 생각이 들 때가 있다.

굉장히 스스로가
나태해진 것 같고,

남들은 달리고 있는데
나만 제자리에 멈춰 있는 것 같고,

그렇다고 현재의 나는
무언가를 하고 있지도 않은 것만 같고,

더불어 하고 싶은 것도 없는
그냥 그러한 하루가 시작될 때가 있다.

이러한 하루는 그저 답답하게 느껴지고,
깊은 한숨이 점점 짙어져 간다.

그러나 생각은 열심히 하고 있다.

어쩌면 아무것도 하지 않는 게 아닐지도 모른다.

3부 가끔씩 무념무상

없을 무(無)

없다.

무언가 하고 싶은 것 같은데
해야 할 것 같은데
하고 있는 것이 없다.

그저 생각의 언저리에서만 빙빙 돌아갈 뿐
나의 행동은 움직이질 않는다.

어딘가에 꽁꽁 묶인 듯
아무것도 하지 못한 채
아무것도 아닌 것처럼 멈춰 있다.

마음은 또 그게 아닌데 말이지.

3부 가끔씩 무념무상

시간이 담긴 사진

마음이 힘들 땐
사진을 찍고
그 순간을 담는다.

시간이 흐른 뒤
그 사진을 다시 꺼내 본다.

그때의 그 마음은 사진으로 묻었기에
시간이 흘러도 그 순간의 감정들이 다시 느껴진다.

때론 그 감정이 가볍기도 또 깊기도 하다.

그때의 그 마음과 순간들은
시간이 흘러야만 보이기도 한다.

3부 가끔씩 무념무상

사라지는 기억

시간이 흐르면서 기억은 미화되어
서서히 사라져 간다.

힘든 순간들은 희미하게 미화되어
그 안에 좋았던 기억들만 남게 된다.

분명 그 과정에는 굉장히 힘들었고,
이 순간의 끝은 없을 것만 같았는데 말이지.

시간이 약이라는 말은
미화되는 기억들로 인해 생긴 말인 걸까.

우리의 삶은 적당히 지우고
적당히 기억하며 살아가는 삶인 걸까.

시간이 흐르면서 과거를 잊고 싶기도
때론 기억하고 싶기도 하다.

언젠가 지난 삶을 돌이켜 보았을 때
나는 과연 어떠한 기억들만 남아 있을까.

3부 가끔씩 무념무상

흐려진 판단

무언가에 조급해진 채 비교하면 할수록
내가 가지고 있는 상황과 판단들이
흐려지게 되는 것 같다.

늘 그래 왔듯
흐려진 판단들은 결국엔
다시 처음으로 돌아가게 하였고,

원치 않은 선택이었다는 걸
뒤늦게 깨닫게 하였다.

언제나 삶의 주체는 '나'인데

어제보다 더 나은 삶을 살았다면,
조금 더 성장하였고 나아갔다면,
그 자체로 괜찮다고 나를 보듬어 줄 수 있었을 텐데

끊임없이 스스로를 흐려지게 만드는 건
왜 역시 '나'인 걸까.

왜 삶은 잠시 머무를 수도 없이
빠르게 어딘가로 흘려보내어
다시 제자리로 돌아오게 하는 걸까.

하고 싶은 일

어쩌면,
하고 싶은 일을 한다는 건
내 삶의 모든 순간을 견디게 하는 것일지도 모른다.

다양하고 수많은 것 중에
내가 하고 싶은 일이 있다는 건
다소 특별한 일이지 않을까

좋아하는 것을 받아들일 수 있어야
싫어하는 것도 무난히 받아들일 수 있지 않을까
생각이 들었다.

맘껏 좋아하고 싫어하면서
하고 싶은 일을 찾아가는 것이
삶이라는 여행 속에서 가장 중요한 것이 아닐까.

없이 사는 것

정신없이
시간 없이
감정 없이
생각 없이

그저 없는 게 당연한 듯 마음을 비워 내다 보면
그때야 비로소 보이는 것이 있다.

없이 지내다 보면
오히려 나에게 찾아오는 것이 있다.

몸과 마음

몸이 힘들지만
마음이 힘들지 않다면
지치지만 하루를 열심히 살아 낸 것만 같다.

마음은 힘들지만
몸이 힘들지 않다면
무거운 마음이 몸을 짓눌러
하루를 어긋나게 만든다.

몸과 마음이 모두 힘들어진다면
한없이 나를 파고드는 것 같다.

그와 반대의 하루는
한없이 어딘가에 나를 드러내 보이고 싶어진다.

생각보다 간단했다.
우리의 몸과 마음은

그리고 나의 하루는

생각보다 단순하게 흘러가는 걸지도 모른다.

꽃길을 따라간 그대

늘 언제나 보고 싶은 사람

기억은 흐릿하지만,
순간들의 감정과 한없이 주었던 따뜻한 마음은
시간이 흘러도 늘 남아 있다.

삶은 언제나 이별의 연속인데,
그대와의 이별 끝엔 그리움과 미안함이 가득하다.

고생하며 살아오던 그대의 시간이
기억 속에 남아 잊히질 않는다.

언제나 희생하며 쓰디쓴 삶을
살아왔기에 한편의 기억이 쓰기만 하다.

어느덧, 그들에게 가여웠던 어린양은
고단했던 그대의 발걸음이 무겁지 않을 만큼
자라나게 되었다.

이제야 그대의 삶을 알게 되었지만,
그대와 함께하고 싶은 그 모든 것은
엇갈린 시간 속에 멀리서 바라만 본다.

화사했던 꽃들은 세월 속에 저물어
흘러가는 강물을 따라 떠나갔지만,

강물을 따라가는 이를 위해
그 꽃은 흐르는 물길 위로 꽃길을 안내하였다.

그 꽃길 뒤엔 더욱 많은 꽃잎을 남기어
세상이 기억할 수 있도록 그리고 외롭지 않도록
그의 길을 함께 따라가고 싶다.

3부 가끔씩 무념무상

4부

다양하고 복잡한 관계

사람 사이의 마음은 늘 오해와 이해 사이를 맴돈다.

상처와 위로를 오가며, 관계 속에서 나를 지키는 법을

배워 간다.

같은 삶 속, 다른 삶

문득 괜찮지 않은 하루라고 느껴지는 순간은
누군가와 비교하는 상황이 될 때 더욱
나 자신을 흔들리게 했다.

누군가와 나라는 사람의 사이에는 비교할 수 있는
공통분모가 전혀 없다는 생각이 들었을 때,
괜찮은 하루의 빈도가 점점 늘어나게 되었다.

사람마다 좋아하는 것과 느끼는 것,
그리고 취향과 삶은 확연히 다를 텐데

누군가의 가장 잘하는 부분을 바라보며,
'왜 난 그러한 모습을 가지지 못하였을까?' 하는
생각으로 나를 힘들게 만들었던 것 같다.

나는 오직 '나'라는 자신의 브랜드이자,
둘도 없는 단 하나의 인격체이며,
그 누구도 나의 성향을 완벽히 따라 할 수 없다.

그렇기에 '나' 자신으로 살아가는
그 자체가 특별한 삶인 게 아닐까.

비록 어제보다 못한
오늘의 삶을 연속으로 살아갈 수도 있지만,

어제와 다른 무언가를 먹고,
다른 생각을 하고,
조금 달라진 바깥 공기를 느낄 수 있다면,

그렇게 어제보다 조금 달라진 모습인
오늘의 나로 하루를 보내었다면,

'나'의 삶도 괜찮다고 느껴지는 날이
언젠가 오지 않을까.

눈치

눈치: 누군가의 마음을 알아차리는 것.

눈치가 보인다는 것은
남의 마음을 계속 알게 되는 것.

눈치가 없다는 것은
남의 마음을 알지 못한다는 것.

눈치가 빠르다는 것은
남의 마음을 빠르게 알게 되는 것.

눈치를 안 본다는 것은
남의 마음을 알지 않으려 하는 것.

가끔은 누군가의 마음을 알기보다
나의 마음을 알고 싶다.

나의 눈치는 어디를 봐야 하는 걸까?

초심

그동안 고마웠던 것들이 너무도 많은데,
시간이 지나니 그 모든 것을 망각한 채
주어진 삶에 갇혀 나만 생각하고 있었다.

나에게 큰 힘이 되었던 것들을
망각하며 지내고 있었다.

살아가면서 초심으로 지낸다는 것은
시간이 흐를수록 굉장히 어려운 일이라는 걸
점점 깨닫게 된다.

무엇보다 당연했던 것도,
시간이 흐르니 당연함조차
지켜 내지 못할 때가 있다.

단단할 줄 알았던 어린 초심은
어떻게 이렇게 쉽게도 변하게 되는 걸까.

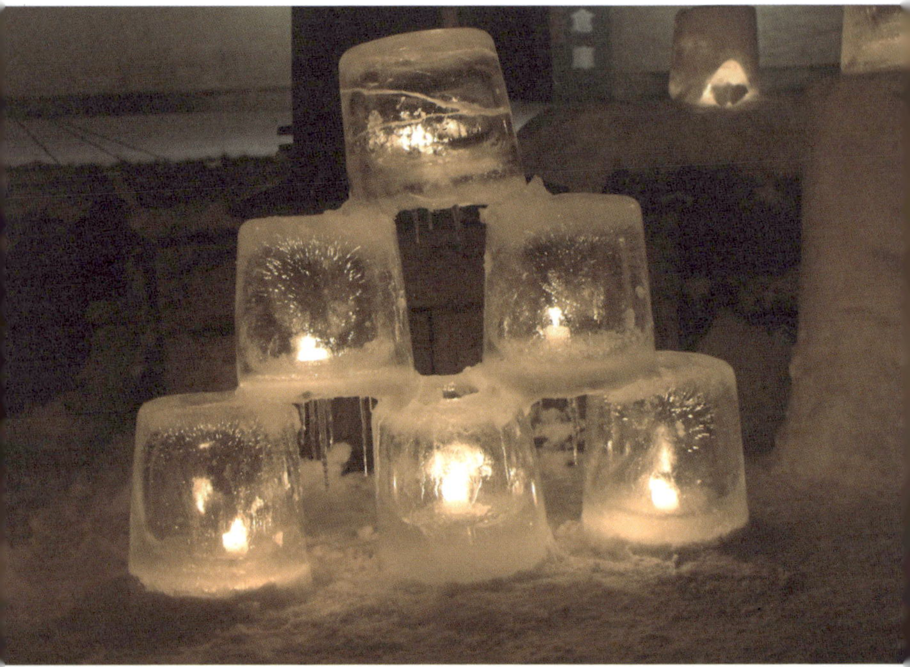

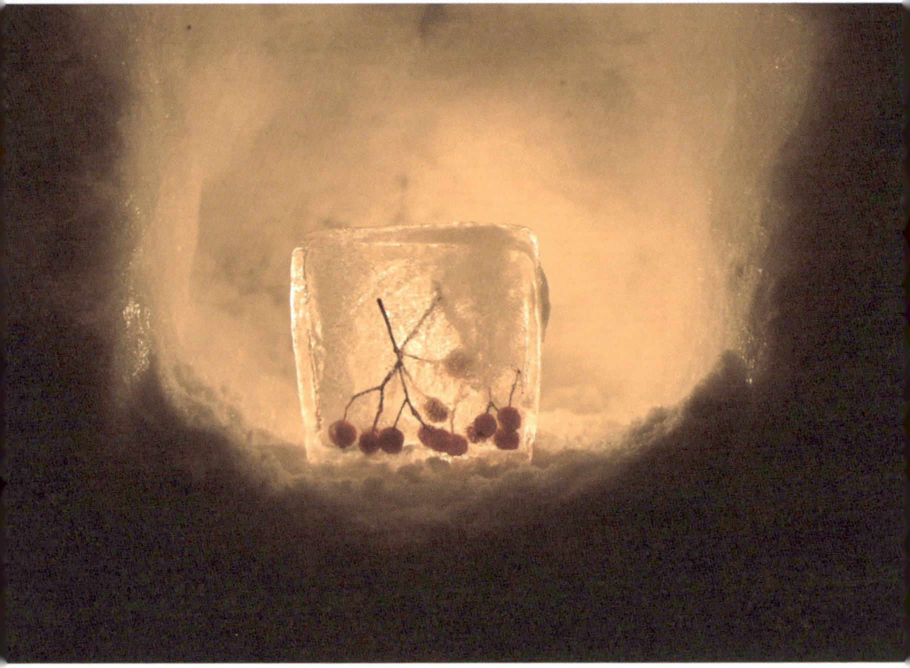

어려운 만남의 연속

사람과 사람 사이에 만남이라는 순간은
어쩌면 쉬우면서도 가장 어려운 듯하다.

설렘과 간절함으로
만남을 마주할 때가 있다면

어떠한 만남은
어려운 감정으로 인해
어색한 미소를 짓게 만든다.

만남의 연속은
내 안의 감정을
때로는 묻어 둔 채
때로는 드러낸 채
그렇게 반복되는 순간을 이어 간다.

만남이 끝난 순간,
그때야 비로소 나를 마주하게 된다.

누군가와의 만남은
나에게 추억이 될 수도,
때론 아픔이 될 수도 있다.

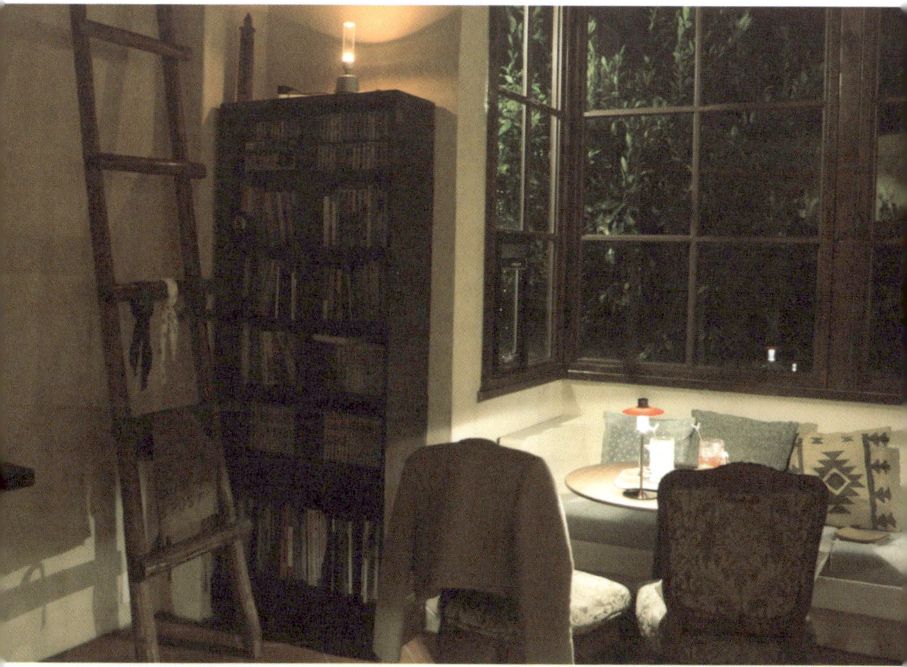

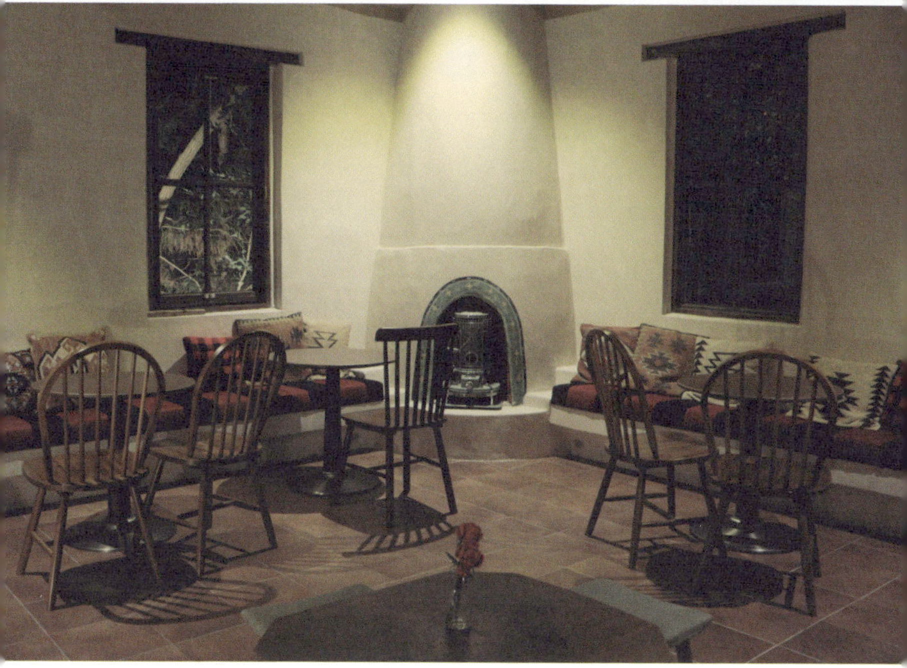

선택

모든 선택은
나로 인한 것이었다.

내가 원해서 선택한 것일 수도
상황에 따라 그렇게 되어 버린 걸 수도 있다.

그 선택의 결과는
늘 완벽할 수 없지만
그렇다고 불행해할 이유 또한 없다.

언제나 선택은 그 상황 안에서
할 수 있는 최대한의 선택지였을 테니

최선이었다.
모든 선택은.

4부 다양하고 복잡한 관계

관심

누군가를 알아 가다가
시간이 흐른 후
익숙함에 그리고 무뎌짐에
그렇게 다시 점점 멀어져 가는 것

과도한 관심 속에
적당한 무관심이 필요할 때가 있고

모두의 무관심 속에 누군가의 관심이
한 줄기의 빛이 될 수가 있다.

우린 어느 정도의 관심을
받고 또 주어야 할까?

어렵다.
'관심'이라는 것.

4부 다양하고 복잡한 관계

원치 않은 서운함

이유 없이 흐르듯 찾아온 누군가로부터
호의를 받게 되고
친절함이라 생각하였다.

그러나 알고 보니
이유 없는 호의는 없었다.

이유 없는 호의는
이유 없는 미움이 될 수 있었다.

그렇기에 함부로 호의를 받아선 안 된다는 걸
누군가의 호의와 미움으로부터 알게 되었다.

나에게 보낸
호의에 대한 반응이 기대했던 모습과
달랐기에 서운하였던 걸까.

그렇게 좋았던 마음은
그렇게 미움이 되었다.

노력

노력하면 되는 것과
노력해도 어려운 것들이 있다.

어려운 노력 중 하나는
마음을 얻는 일인 듯하다.

모든 걸 잘해도 한순간 어긋나게 되고
수많은 시간을 함께했지만
그 시간이 오히려 독이 될 때가 있다.

아무것도 몰랐어야 더욱 좋은 순간이 있고
때론 좀 더 알아 갔어야 하는 순간들이 있다.

모든 노력의 결과는 내 시간들의 결과이기에
몰랐던 것에 대한 반성으로
좀 더 알았어야 하는 부족함으로

그저 '나'에게 화살을 돌리다 보면

조금씩 보이게 된다.

굉장히 부족한 사람은 타인이 아니라 나였다는 걸

부족한 만큼

더 부족하지 않기 위해

이런 순간들을 느끼는 것일지도 모른다.

사소한 것

사소한 눈빛, 표정, 말투,
더 나아가 숨결까지

그저 사소한데 사소하기에
더욱 상처가 될 때가 있다.

사소한 것마저 느껴지는 그러한 느낌은
사소할수록 더욱 감출 수 없는 진실이 되기도 한다.

어쩌면, 사소하기에
더욱 중요한 순간일지도 모른다.

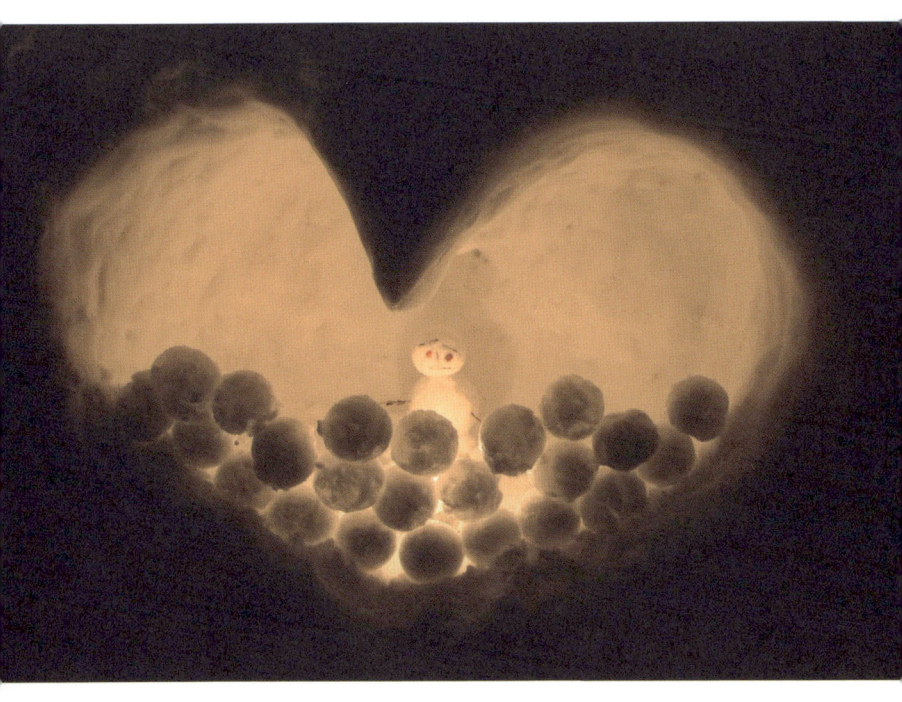

사람(人)

사람에게 상처를 받고 나면,
사람에게 이제 기대를 안 한다고

나 홀로 잘 살아 보겠다고
비틀어진 마음으로 하루를 보내는 날이 오지만,

결국 사람에 의해 위로를 받고,
사람들을 찾아 그 마음을 달랜다는 걸 알게 되었다.

누군가의 글이,
누군가의 모습이,
그리고 누군가의 목소리가
그 아픈 마음을 위로해 준다.

그렇게 사람에게 받은 상처는
또다시 사람으로부터 위로를 받는다.

생각을 하며 사회를 이루어 가는 사람이기에
그렇게 반복하며 살아가는 듯하다.

우리는 '사람'이기에.

사람: 생각을 하고 언어를 사용하며, 도구를 만들어 쓰고 사회를 이루어
사는 동물.

- 네이버 국어사전

그저 되는 것

모두 그저 되는 것은 없다.

그만한 무게를
감당하고 책임을 지며,

지금이 아니더라도
언젠가 그 모든 것을 느껴야만 한다.

그저 된 것 같은 사람들 또한,
그 모든 걸 얻기 위해 잃어야 하는 부분이 있었다.

그저 완성된 화려한 모습에 숨겨졌을 뿐.

그렇기에 나는 그저
되지 못한다고,

누군가는 그저 되어 간다고
비교 분석을 할 필요가 없다.

그저 그렇게 조금씩
하루를 나아가기만 하면 된다.

그저 그렇지 않은 하루를.

5부
어쩌면 행복

작은 일상에도 행복은 있었다.

아픔을 통해 소중함을 알게 되고,
백색소음처럼 스며드는 순간의 위로를 느낀다.

하루를 마치고

하루를 마칠 때쯤이면
난 왜 이러고 있을까
무얼 위해 살고 있는 걸까

이런 생각
저런 생각

머릿속은 복잡한 생각들로 채워져 간다.

좀 더 무언가를 해야 할 것 같고
다른 누군가처럼 특별해야 할 것 같고
반대로 남들과 같아지고 싶고

생각들이 머릿속을 가득 채우면
결국 난 불행한 사람이 된다.

그래서 난 오늘
하루라는 시간이 주어졌고

그 하루를 열심히 살고 있다는 사실에
감사하기로 한다.

주어진 상황에서 열심히 살아 보는 것
그 자체가 나에겐 최선이고
행복일 수 있을 테니

그렇게 나지막이 스스로를 달래 본다.

나 자신을 속이는 것

하고 싶은 것이 있는데
막상 시작하기엔 두렵다.

표현하고 싶은데
시선을 의식하게 된다.

당당하게 앞으로 나아가고 싶은데,
그에 따른 책임이 너무나 무겁게 느껴진다.

무언가를 하고 싶은데,
어떠한 이유를 만들어 나를 속게 만든다.

그렇게 나 자신을 끊임없이
속고 속이며 살아간다.

나는 왜 나를 속이게 되는 걸까
왜 나는 나를 속게 만드는 걸까.

그렇다면

괜찮은 나의 새로운 모습으로
잠시 속여 보는 것 또한 가능하지 않을까?

잊은 보물찾기

문득 삶이
우울해지고 힘이 들 때

그 원인은 무언가의 비교에서부터
시작되는 것 같다.

내가 갖지 못한 것들을
누군가 가지고 있을 땐
그것들이 매우 크게 보이지만

정작 자신이 가지고 있는
수많은 것은 잊고 지낸다.

어쩌면 누구나 갖지 못할
가장 귀한 걸 가진 걸 수도 있을 텐데 말이지.

5부 어쩌면 행복

좋아하는 마음

헛된 것이라고 하더라도

그로 인해 희망이 되고 꿈이 된다면,
더 나아가 살아가는 이유가 된다면
그것만으로 충분하다.

무언가를 좋아하는 마음은
마음의 불씨가 타올라
마지막엔 재가 되어 사라지기에
아무것도 아니었다고 생각할 수도 있지만

그 순간만큼은 삶의 주인공이 되어,
뜨겁고 화려하게 피어올라 모든 것이 애틋해진다.

이러한 순간은 과연 삶 속에 얼마나 더 있을까.

5부 어쩌면 행복

어린 시절

삶의 갈피를 잡지 못할 때
어린 나의 모습을 떠올려 본다.

아무 생각 없이,
편견 없이 좋았던 순간의 시간을 돌이켜 본다.

때론 그 안에서 나의 진심을 알 수 있다.

내가 온전히 좋아했던
가장 중요한 그 무언가를.

5부 어쩌면 행복

아프기에 알게 되는 것

아프지 않을 땐
주어진 소중한 것들을 잊고 있다가

아픈 순간이 찾아올 땐
그 소소해 보였던 모든 것이
없어선 안 될 나의 전부였다는 걸 느끼게 해 준다.

때론 아프기에 알게 되고,
소중함을 느낀다.

그렇기에 우리의 삶에
때론 아픈 순간들이 찾아오는 듯하다.

소소해 보여도 소중한 것들을 잊지 말라는 듯이.

평가

이 세상에 존재하는
그 모든 것은 평가를 받는다.

길거리에 굴러다니는 돌멩이도,
흐드러지게 피어 있는 꽃들도.

그 존재가 보인다면,
그 자체로 다양한 '평가'를 받게 된다.

평가에 대한 의미를 찾아보니
'무언가의 가치나 수준을 평한다.'라는 의미라고 한다.

우리가 어떠한 사물을 평가할 땐

나에게 필요한 것인지
나와 어울리는지
내가 좋아하는지

나만의 여러 가지 평가 가치를 만들어
바라보게 된다.

우리는 '사람'으로 태어나
너무나 많은 가치를 가졌기에,

어쩌면 보이지 않는 내적인 모습까지
구석구석 찾아내어 평가되는 걸지도 모른다.

평가는 누군가 나라는 사람을 바라보기 위해
살아 있는 역사를 만들어 가는 과정일 것이다.

그렇기에 누군가가 나를 평가하는 것은
나쁜 태도인 것이 아니라,

그만큼 다양한 가치를 많이 가지고
태어난 '사람'이기에

그리고 누군가의 관심이 있기에
평가가 되는 것이 아닐까.

그렇기에 평가가 되었다고,

이에 휘둘리지도, 지나치게 수긍하지도 말자.

나의 지난 역사와
수많은 가치를 태어난 순간부터
지금까지 바라봐 온 건
그 누구도 아닌 그저 '나'이기에

그리고 앞으로의 가치는
'나' 역시도 모를 수밖에 없기에.

5부 어쩌면 행복

백색소음

아무 소리도 들리지 않는 '무음'보다
'백색소음'이 더욱 집중이 잘 되는 것처럼

우리의 삶도 아무것도 없이
잔잔히 흘러가는 것보단

약간의 소음과 함께 살아가는 것이
우리의 삶을 좀 더 집중시켜 주는 것이 아닐까.

5부 어쩌면 행복

6부
그저 꿈

현실과 이상 사이에서 흔들리는 순간들

취업과 생계, 꿈 사이에서 끝없이 고민하고 방황하며

깨닫는다.

누군가도 나와 같이 꿈꾸고 있다는 것을.

스물다섯

스물다섯은 20대 중심의 나이.

어리지도, 그렇다고 성숙하지도 않은
애매하면서도 어설픈 나이.

나의 길을 찾아 나서지만,
무언가 보이지 않는 책임감으로 인해
조심스럽게 나아가게 되는 나이.

어릴 땐 멀게만 바라보았던 30대가
20대의 반밖에 남지 않았기에
더욱이 무언가 하고 있어야 할 것만 같은 나이.

꽃다운 나이의 중심 속에서 휘청이며
나의 길이 어디인지 계속 무언가에 묻고
헤매는 그러한 나이.

다섯이라는 숫자는 그러한 느낌이 드는 것만 같다.

6부 그저 꿈

꿈을 꾸는 우리

내가 누군가를 꿈꾸듯이
누군가도 나를 꿈꾸고 있다.

우리는 어쩌면 서로가
서로를 꿈꾸고 있는 걸지도 모른다.

6부 그저 꿈

취업을 준비한다는 것

이리 재고 저리 재고
다양한 고민과 선택 속에
'나'라는 사람을 다시금 평가하는 시기.

도전하고
불합격하고
경쟁자를 의식하고
또다시 비교하고 도전하고

그 안에서 어딘가 정처 없이 헤매는
'나'를 발견하게 된다.

무언가 꿈을 위해 살아온 것 같은데,
이젠 뽑아만 주면 좋겠다는 생각이 든다.

이러한 혼란스러움 속에서
내 안에 있는 또 다른 내가 서서히 희미해져 간다.

자기소개서와 입사지원서 속 그 안에 있는 '너'는
현실 속 어딘가 헤매고 있는 '나'는

우린 서로 무엇일까.

꿈 그리고 생계

꿈을 좇아 앞으로 나아가다가
잠시 뒤돌아보는 순간이 있다.

내가 가지고 있는 것들이
점차 사라져 간다는 것을 느끼게 될 때.

나는 그저 이곳에 덩그러니 있는데
주위는 앞으로 나아가고 있음을 알게 될 때.

막연히 꿈꾸지만
그 꿈이 과연 나의 길이 맞는 걸까
자꾸만 되물어보게 될 때.

생계를 위해 나아가야 하면서도
다시 돌아오지 못할까 봐 그저 두려워질 때.

생계라는 건 참 어렵게만 느껴진다.

먹고살고 싶은데
내 꿈은 먹고살 게 없다.

6부 그저 꿈

'나'라는 사람

무언가 이루고 싶은 마음으로
한 걸음 더 빠르게 움직이다 보면
어느 순간 '나'라는 사람은 지워질 때가 있다.

시간과 함께 '나'는
변화하는 삶에 적응하며 서서히 변해 가지만

마음 한편에 그렸던 '나'의 모습은
삶을 살아가는 것만으로도 벅차
그 마음들을 내려놓을 때가 있다.

잠시 쉬어 가는 것도
잠시 잊히는 것도
잠시 내려놓는 것도

어쩌면 '나'를 다시 만나기 위한 일이 아닐까?

떨어지지 않는 발걸음

내키지 않는 곳으로 가는 길은
발걸음이 쉽게 떨어지지 않는다.

그곳은 내가 충분히 알고 있는
힘든 곳이라는 걸 누구보다 잘 알고 있기에.

다양한 생각으로 갈 수밖에 없는
그곳으로 향하는 감정을 무뎌지도록 노력해 보지만

언제나 마음이 향하지 않으면
발걸음 역시 향하지 않는다는 걸 느끼게 된다.

나의 마음이 향하는 곳은
가벼운 발걸음으로 어느새 도착하게 되지만

그렇지 않은 곳은 발걸음 또한 중간에 멈추어
생각이 많아지게 된다.

발걸음을 따라가다 보면,
마음이 향하는 곳에 도착하게 된다.

내가 내디뎌 가는 삶의 발걸음은
모두 마음의 걸음인 게 아닐까.

항해(航海)

왜 헤매나 했더니
지도가 없었다.

왜 이렇게 멈춰 있는 건가 했더니
가야 할 곳이 보이질 않았다.

나의 목표 그리고
해야 할 일이 보이지 않을 때

지도 없이 항해하는
한 척의 배처럼

이리저리 파도에 휩쓸려
그렇게 떠내려가고만 있었다.

목표가 있다고
모든 게 이뤄질 수는 없겠지만,

그래도 가야 할 지도가
하나라도 있으면

정처 없는 곳으로
떠내려가진 않을 것만 같다.

스프링(Spring)

난 지금 나의 스프링을
누르는 중이야.

한동안 난 이 스프링을
꾹 누르고 있겠지.

그렇게 하루하루 누르며 지내다가
내가 정말 원하는 무언가를 발견한 순간

그땐 나의 움켜쥔 스프링을 과감히 놓을 거야.

누르면 누를수록
더 높이 튀어 오르는 스프링처럼

나의 삶도 누른 만큼
더 높이 누리게 되지 않을까?

6부 그저 꿈

어린 날의 물건

그때의 설레었던 그 봄은
한없이 서투르고
끝없이 부족하였기에

따뜻함이 무르익어 갈 땐
작았던 모든 것조차 소중했고
조심스러웠기에

그렇게 여름이 되었을 땐
작은 순간마저 행복했고
최선을 다해 보고 싶었기에

더웠던 공기가 서서히 차가워져 갈 땐
나의 최선들이 점점 힘겨워져 갔고
점점 혼자가 되어 버리는 감정을 느꼈기에

그렇게 공기가 조금씩 추워질 땐

마음도 얼어 버린 채
지난 기억을 새겨야 했기에

그랬었기에
시간이 흘러도

그 공기들을
그 온도를 기억하여
문득 생각이 나는 것 같다.

행복했던 기억이 아닐지라도
어쩌면 어린 날의 기억들이었기에
그 모든 것이 소중한 걸지도 모른다.

그래서인지
버리지 못하는 물건들이
점점 많아져 간다.

6부 그저 꿈

7부

삶

불완전한 하루들이 모여 삶이 되고,

그 안에서 나는 점점 나를 알아 간다.

흘러가는 세상 속에서,

삶은 결국 나 자신을 알아 가는 여정이었다.

뜻밖의 위로

문득 높은 곳을 향해 나아가야 할지,
낮은 곳을 바라보며 잠시 멈춰 서야 할지
고민이 될 때가 있다.

좀 더 나은 삶을 위해서라면
앞을 바라보며 나아가야 하지만,
그렇게 나아가기엔 버거운 순간들이 찾아온다.

그럴 때 사람들은 "너보다 어려운 사람들 많다.
힘든 사람들을 생각해라."라고 이야기를 하지만
그 말이 위로되진 않았다.

그러다 어느 날 버스를 타고
창밖을 바라보며 지나가는데

새벽부터 시작해서 고된 하루를
누구보다 열심히 살아가는 사람들을
바라보게 되었을 때,

그 말의 의미를 조금 알게 되었다.

'힘들지만, 열심히 살아가는 사람들'이
마음 한편의 위로가 되었다.

기도

조용히 눈을 감는다.

생각을 정리하며,
현재의 삶에 대해 생각을 해 본다.

그리고 누군가에게
막연한 소망과 진실한 마음을 고백한다.

솔직하게 고백하고 나면,
조금 가벼워진 마음과 평온한 감정을 느끼게 된다.

그렇게 스스로를 위로한다.

내 안의 다양한 무언가가
나를 달래 주고 또 다스리게 한다.

삶

우리가 살아가는 삶 속에서
필요한 것은 무엇일까.

누구나 좀 더 나은 삶을
살아가기 위해 노력하며 살아간다.
그 과정 속에 다양한 감정을 안고 살아 낸다.

무언가 하면서도 그것들이 옳은지,
잘하고 있는지, 더불어 행복한지
스스로에게 되물으며 객관화해 보기도 한다.

하지만 사람은 주관적으로 살아가는 것 같다.

객관적으로 살아가기엔
감정을 느끼고 생각하며 살아가는 '사람'이기에.

그렇기에 삶의 의미는
사람에 따라 다를 수밖에 없는 듯하다.

라디오

오랜만에 라디오를 들었다.

세상은 수많은 이야기로 가득하였고,
그 안에서 사람들은 울고 웃었다.

외로움만이 존재하는 순간
누군가의 목소리가 들려오는 것은

그 자체가 큰 위로라는 걸 깨달았다.

파도

파도를 바라보게 되면
들어왔다 나갔다가 반복된다.

파도의 크기만 다를 뿐
그 모습은 계속 반복된다.

나의 삶도 그러하지 않을까,
약간의 기대를 걸어 본다.

지금 괜찮지 않은 건 파도처럼
잠깐 들어왔다가 언젠가 다시 나가는 걸 거야.

그리고 언젠가 다시 또
내 마음에 들어와 요동치기도 할 거야.

그럴 거야,
파도와 같은 걸 거야.

기억

지나간 기억들이
문득 나에게 머무를 때가 있다.

좋았던 기억은 그때의
기억 속에서 설렘을 느끼게 하고

좋지 않았던 기억은
나 자신을 혼란스럽게 만든다.

기억을 그리워할 땐 추억이 되고,
기억을 지우려 할 땐 아픔이 된다.

우리의 지금은
추억이 될까, 아픔이 될까.

어쩌면 적당히 지우고
적당히 기억하며 살아가는 것이
괜찮은 삶인 건 아닐까.

어른이 된다는 것

어릴 땐 어른들의 말과 행동으로
상처를 받은 적이 있었다.

왜 이러한 말을 하는지
왜 이렇게 하는지

그저 답답하고
때론 이해가 안 되었다.

시간이 흘러

사회를 알게 되고
사람을 알게 되고
상처를 알게 되니

그때의 나는 그저 알지 못해서
이해를 못 했던 것이었다.

어른이라는 건
넓고도 깊은 세상으로
좀 더 알아 가는 것이었고

때론 성숙하지 못한 채
부족할 수도 있었던 것이었다.

사소했던 것들마저
힘들어하고 좌절하였던 어렸던 나의 존재는

어른이라는 더 넓은 삶의 깊이를 알기엔
조금 버거웠던 게 아닐까.

어렸던 나는
과연 어른이 되어 갈 수 있는 걸까.

밀려가지 않도록

밀려왔다
밀려가는

그 모든 것 속에서
나 역시 밀려가거나
밀려오지 않기 위해선

그 자리에서
그렇게 온 힘을 주어야 한다.

좀 더 나를 무겁게
만들어야만 한다.

그래야
그곳에 서 있을 수 있다.

7부 삶

변해 가는 모든 것

세상이 변했다고 생각했는데,
알고 보니 내가 변한 것이었다.

어쩌면 세상과 내가 모두 변한 걸지도 모른다.

당연하리만큼 모든 것은 변해 간다.

변함을 받아들이는 것 또한,
내가 변할 방법일지도 모른다.

어우러져 있는 삶

이러한 삶이 있다.
그리고 그렇지 않은 저러한 삶도 있다.

모든 걸 가질 수 없기에
이러한 삶과 저러한 삶이 어우러져 있다.

때론 그러려니 살아가며
'이런저런 삶도 있구나.'

한 편의 영화를 보듯,
하나의 소설을 읽듯,
그렇게 살아가는 것도

무난하기만 한 나의 삶을
좀 더 재밌어지게 하는 게 아닐까 생각해 본다.

모험

모험을 시작하는 것은
대단한 일이다.

끝을 알 수 없는 시작을
하게 되는 것이기에.

그 모험이 어떠한 것이 될지
아무것도 모른 채
그 여정을 시작하는 건
커다란 용기가 필요하다.

삶 또한 모험과 같은 게 아닐까.

그렇기에
매 순간 용기 있는 사람들이
살아가고 있는 게 아닐까.

어른이 되어 간다

내가 해 줬던 것만큼 돌아오지 않더라도
'그럴 수도 있지, 그렇게 나도 여기까지인 거겠지.'
한 걸음 물러날 줄도, 관계의 정리도 쉬워진다.

이유 없이 많은 것을 나에게 주게 되면

'고마움을 표현해야지,
그리고 언젠가 더 많은 것을 나눠야겠지.'

책임을 느끼고,
누군가를 챙겨 줘야 할 생각을 갖게 된다.

받은 만큼 돌려줘야 하는 삶이 아니라
받지 않더라도 먼저 줄 수도,
받게 되더라도 더 많이 줘야 하기도 한다.

오히려 받기보단,
빼앗기는 순간도 찾아온다.

어른의 삶은 늘 공평하지 않다.

사소한 것들에,
예상치 못한 순간에
얻기도 또 잃기도 하는 것이니까.

그렇게 관계와 상처는
시간의 흐름에 따라 서서히 무뎌져 간다.

음지와 양지

"음지가 양지 되고, 양지가 음지 된다."

세상사는 언제나 돌고 돈다는 의미로
어릴 적 할머니가 늘 해 주셨던 말

삶은 늘 좋기만 한 것이 아니라
때론 힘들기도 하다는 의미이다.

그렇기에 사람을
함부로 대하지 말라는 의미이기도 했다.

사람 일은 어떻게 될지 모르기에.

나이라는 테두리

어릴 땐 '어리니까.'
세월이 흐르면 '나이가 있으니까.'라는 생각을 하며
나이라는 테두리 속에서 살아가는 것이 아닐까 싶다.

모든 순간에는 시작과 함께
과정을 지나 마무리가 있지만,

한 사람이 살아가는 삶 속에는
새로이 시작하기도 그리고 이어 가기도
때론 중간에 멈추기도 한다.

가끔은 어디가 시작이고 어디가 끝인지 모르기도 한다.

시작은 설레면서도 두렵고
과정은 막연하면서도 치열하며
끝은 아쉬우면서도 후련한 것처럼

모든 삶의 박자는 때론 빠르기도 느리기도
그리고 쉬어 가기도 하며
하나의 노래와 같이 완성되어 간다.

그렇게 하나씩 나이테를
만들어 가는 것이 아닐까 싶다.

ON AIR

우리는 항상 'ON AIR'가 켜진
완벽한 삶을 꿈꾸지만

모든 방송엔 종방이 있듯이
'ON AIR'도 언젠간 꺼지기 마련이다.

완벽하기만 한 삶은 없다.

7부 삶

음악

사람은 힘든 만큼
행복할 수 있나 보다.

그냥 듣는 음악보다
힘들게 일을 하고 집에 가는 길

음악을 듣는 그 자체가
감동이고 천국인 것처럼.

사랑하는 마음

이유 없이 불안하고
공허함이 가득할 때
'난 지금 왜 이럴까?' 생각을 해 보았다.

진심이 없는
사랑하지 않는 내 마음이 보였다.

진심으로 사랑하고 싶다.
그리고 사랑해야만 한다.

좋아하는
공부, 일, 취미, 사람 그 모든 것을.

7부 삶

207

에필로그

◆
◆
◆
◆

스무 살이 된 이후, 나는 늘 조급했고 무언가를 이루기 위해서 계속해서 앞으로 나아가야 할 것만 같았다. 청춘이라는 단어는 반짝거렸지만, 그 안에서 내가 느낀 건 불안과 혼란 속에서의 끊임없는 비교였다.

누군가는 '지금이 제일 좋을 때'라고 했지만, 나의 하루는 많은 생각과 고민 속에 길기만 했다. 하고 싶은 일과 해야만 하는 일 사이에서 갈팡질팡만 할 뿐 내가 정말 원하는 게 무엇인지 알 수 없었다. 모두가 삶의 방향을 아는 것처럼 보였고, 나 혼자만 길을 잃은 것 같았다. 혼자라는 게 익숙해지고, 괜찮지 않은 하루가 당연한 듯 반복되었다.

지금 그 시기를 다시 돌이켜 보면 괜찮지 않았던 날들이 제법 나를 단단하게 만들었다. 매일같이 흔들리고, 멈추고, 다시 겨우 일어나는 하루를 반복하며 점점 나라는 사람을 알게 되었다.

삶은 언제나 완벽하지 않기에 앞으로도 괜찮지 않은 하루는 계속 찾아오겠지만, 지난 20대의 불완전한 시기 속 마음 깊숙이 느낀 한 가지 사실이 있다.

 모든 순간 속에서 나는 결코 혼자가 아니었다. 그저 같은 시간과 감정 속에서 누군가의 글과 생각에 공감하며 함께 살아가는 것 그 자체가 서로에게 많은 위로가 되어 함께하는 것이었다. 함께 있어도 혼자인 것만 같을 때가 있듯이 누군가 곁에 있어야만 나와 함께하는 게 아니었다.

 이 책을 쓰며 나의 괜찮지 않았던 순간들을 다시 마주하는 시간이 쉽지 않았지만, 흘러간 시간 속에서 괜찮지 않았던 하루들은 하나의 흔적으로 남아 나의 이야기를 완성해 주는 소중한 퍼즐 조각이 되었다. 그 시간들을 다시 열어 바라보니 그때의 내가 지금의 나를 위로해 주었다.

◆
◆
◆
◆

  '그때의 너는 지금의 내가 버틸 수 있도록 순간을 기록했구나.'라는 생각이 들어 감정에 최선을 다하는 마음 역시 모두 나를 위한 것이었다는 걸 알려 주었다.

  삶은 완벽하지 않은 하루들의 연속이지만, 그 하루들을 지나오다 보니, 삶의 로망은 어쩌면 그런 날들을 견뎌 낸 나 자신에게서 다시 시작되는 게 아닐까 하는 생각이 든다.

  끝맺으며,
  <u>나의 불완전했던 20대의 이야기 속 당신의 이야기를 발견한 모든 이에게 위로가 되었으면…</u>

괜찮지 않은 하루

1판 1쇄 발행 2025년 08월 01일

지은이 김인영

교정 주현강　**편집** 김다인　**마케팅·지원** 이창민

펴낸곳 (주)하움출판사　**펴낸이** 문현광

이메일 haum1000@naver.com　**홈페이지** haum.kr
블로그 blog.naver.com/haum1000　**인스타그램** @haum1007

ISBN 979-11-7374-121-0(03810)

좋은 책을 만들겠습니다.
하움출판사는 독자 여러분의 의견에 항상 귀 기울이고 있습니다.
파본은 구입처에서 교환해 드립니다.

이 책은 저작권법에 따라 보호받는 저작물이므로 무단전재와 무단복제를 금지하며,
이 책 내용의 전부 또는 일부를 이용하려면 반드시 저작권자의 서면동의를 받아야 합니다.